Made in the USA
Columbia, SC
13 November 2024

46358824R00070